देहान्त से हटकर

देहान्त से हटकर

कैलाश वाजपेयी

वाणी प्रकाशन

वाणी प्रकाशन
ज्ञान के विविध आयामों के प्रकाशक

वाणी प्रकाशन का 'लोगो' विख्यात चित्रकार मक़बूल फ़िदा हुसेन की कूची से

वाणी प्रकाशन, 4695, 21-ए, दरियागंज, नयी दिल्ली-110002
वाणी प्रकाशन, अशोक राजपथ (पटना कॉलेज के सामने), पटना (बिहार)

DEHANT SE HATKAR

by Kailash Vajpeyi

Collection of Poems

ISBN : 978-93-5000-227-8

प्रथम वाणी संस्करण

मूल्य : 100/-

वाणी प्रकाशन

फोन : 0091#11#23273167, 23275710

फैक्स : 0091#11#23275710

वेबसाइट : www.vaniprakashan.in

ई-मेल : vaniprakashan@gmail.com

vani_prakashan@yahoo.com

आर.टेक ऑफसेट प्रिंटर्स द्वारा दिल्ली-110095 में मुद्रित

स्वतो वा परतो वापि न किञ्चिद्वस्तु जायते
सदसत्सदसद्वापि न किञ्चिद्वस्तु जायते!!

माण्डूक्योपनिषद्

अनुक्रम

देहान्त से हटकर

घटने लगी मृत्यु,
स्पन्दन—पर्याय रहा न जीवन का
अपने ही टूटे, फिंचे, स्नायु-जाल में
उलझे
लिपटे
फँसे
तुम कहाँ भागोगे?
कविता के श्मशान से
कुछ करो
मत करो।
एक भी अँधेरा ऐसा नहीं
तुम जहाँ सो सको
चीख़ की भाषा भी हुल्लड़ हो गई
सम्भव रहा नहीं
रो सको
आगे यशस्वी धूर्तों के मठ हैं,
पीछे—लम्बा जुलूस अजनबियों का
ऋणात्म प्रतीक्षा की शरशैया पर पड़े
मुश्किल है करवट भी ले सको!
अपने ही ज़हर से
संचालित भीड़ों में
व्यर्थ हैं सारे दावे मंत्र-ज्ञान के
भागोगे कहाँ फिर?

कविता के
श्मशान से!

वे भाग्यवान् थे
सब कुछ नकार कर
कूद गए
आग लगा
डूबते जहाज़ में
वे भाग्यवान् थे
(रास्ते सीधे थे आत्मघात के)
तुम थप्पड़ खाते
टूटे मस्तूल हो
(आसमुद्र)
इस यातुधानी समाज में
मृत/जीवित दोनों ना-
ग्रस्त शिराघात से
बुद्धि शत्रु हो गई
करुणा रही न श्लील
छुटकारा माँगोगे
तब फिर किस तीसरे विधान से
चुप रहो,
मत रहो!

विवर यात्रा

दोनों ध्रुवान्तों तक फैली है विकृतियाँ
आदमी!
एक दूसरे की बदसूरत करते हुए
फाड़ते, निचोड़ते
फटते चिरते
हुए,
अब इस भगदड़ में जो पहले कुचल जाए, अच्छा है!

ज़िन्दा बने रहने के सारे बहाने
आगे—काम नहीं आने,
करोड़ों विदेह ज़हर-कीटों से
रुँधे हुए हैं सब
मुहाने।

एक नई नस रोज़ तनना शुरू करती है।
और टूटने तक चढ़ती चली जाती है
आदमी आदमी के बीच एक क़ब्र
और यह क़ब्र बढ़ती चली जाती है।

सब तरफ़
पिचकी घुवावदार
आँतों की गलियाँ हैं
जहाँ सिर्फ़ उबकाई का शब्द आता है
हर कोई वहीं वहीं से भागकर, भागकर

घूम-घूम वहीं वहीं दोहरा हो जाता है।
अब जबकि हर सांस जलती सलाख़ है
जो जितनी जल्दी जल जाए
अच्छा है!

यह एक ठंढे तेज़ाब का समुद्र है
जहाँ कुछ डूबे बिना ही
गल जाएंगे

कुछ थोड़े दिन हाथ पैर मारेंगे
और वे—बैठे हैं जो,
बहते हिमखण्ड पर
वे भी कितने दिन
बच पाएंगे।

बेशुमार आँखों की नींद
थोड़े से लोगों की सुविधा है!
इस सबके बाद भी 'रामजी' का होना
काफ़ी बेहूदा है!

अब जबकि
होड़ है
कोढ़ और पागलपन में
जिसका दम
पहले निकल जाए
अच्छा है!

स्नायुघात

कहीं भी गए बिना
कहे बिना कुछ भी

लगातार–
मैं मर रहा हूँ
मर रहा है एक–संसार!
सब तरफ़ गिलहरियाँ यादों की मछलियाँ
मुँह खोले अकड़ी पड़ी है

दुनिया
असंपृक्त
होने के बाद
घड़ी लगती है
टिक टिक करती हुई
मुर्दा कलाई पर!

क्या छूट गया–
टूट, नया क्या बना–
मुझे रहा नहीं झींखना–
सब सपाट कर जाने वाली शताब्दी में

सोचना न सोचना–
क्या माने रखता है

करोड़ों सालों से
अरबों लोगों को
दिये गए धोखे
बनद हैं दिमाग़ में

एक बार पानी में
एक बार आग में
पैर देने के बाद जैसा होता है
मुझमें कुछ वैसा वैसा होता है
नमक का दर्द नमक जाने
मैं उऋण हूँ
अँधेरे उजाले की भाषा में

उँगली के पोरों तक जड़ हूँ
नहीं किसी और के गुनाह की
क्षमा माँगनी है मुझे
पिघले इरादों की
मूर्ख आह की!

× × ×

खून की सनसन के नीचे निस्तेज बियाबान है
और अकेला होते जाने के दौर में
देखा है मैंने
माथे की खोखल में स्याह आग है
नहीं ऽ
एक भीतर घुसता बर्मीनुमा पथरीला झाग है
वहाँ कुछ घटता नहीं
सिर्फ़ कुछ रुकता चला जाता है
बिना किसी दिक़्क़त के
एक लाल चाक़ू

गोल गोल घूमकर
घुसता चला जाता है!
सब नफ़रत करते हैं
डरते हैं भीतर के
क़ब्रिस्तान से
जबकि बेझिझक मैं
इस पीली खोह में पड़ा हुआ—
दिन गिन रहा हूँ थकान के!

कोई नहीं जानता
कबूतर की बन्द आँख को
कौन सा प्रकाश दीख पड़ता है
किसके कहने से कौन कहर ढाकर
खरगोश—सा नरम जीव
बाँधकर क़तार
डूब मरता है

मैं मर रही बन्द आँख हूँ

लगातार—
साथ साथ मेरे
मर रहा है
एक संसार!

मुझमें लिपटे हुए साँप ने
कभी मुझे बूढ़े पिता के विषय में बताया था—
तब मैं अबोध था
फिर भी हँस आया था।
फिर वर्षों भीतर
बहसें चलती रहीं

हर शाम फोड़ों की तरह मुझे चीरकर
कविताएँ निकलती रहीं!

मुझे लगा 'वह' शायद क्षोभ है
या शायद
शानदार ढोंग
मुझे लगा अपने 'न होने' या 'होने' में
सब तरह 'वह बुड्ढा'
स्थायी रोग है!
हुआ करे?

तुड़ा मुड़ा ढ़ाँचा तक रहा न जब बुद्ध का
चीख़ तक दफ़न हो गई उस 'पागल' की
कुछ भी हुआ करे
दुनिया अब बहुत बुद्धिमान है
खून की सनसन के नीचे
सिर्फ़ बियाबान है!

× × ×

नीले इरादों की नींद फटी रात में
सब इसी तरह डूब जाते हैं
पहले उफनता है हर समुद्र
फिर औंधे शंख
छिछियाती चट्टानें
घोंघों के खोल
हड्डी के टुकड़े रह जाते हैं।
भारी पग हवा सर पटकती है
फिर कुछ गिद्ध उतर आते हैं।

अक्सर इस निजी अंधकार से
घबराकर

मैं भी
चीखा हूँ
ईश्वर
कुत्ता
कीड़ा–
अपने को एक साथ सब ग़लत दीखा हूँ।
फिर भी नहीं गिला
क्या हुआ? अगर मुझे दुनिया में
आदमी नहीं मिला!
क्यों मिले मरा हुआ आदमी?

देश युद्ध करते हैं
तब, जबकि कुछ हो सकता है करने को
देश युद्ध करते हैं
कमर टूट जाने के बाद
सन्धि-पत्र पर
करके हस्ताक्षर
फिर खाली नलियों में बारूद भरते हैं
यही हो रहा है
सौ साल से
ना–हज़ार साल से
दस हज़ार साल से!

मगर प्यार भी लोग क्यों करें
जब हर दिमाग़ एक चकला है
हर दिल में एक मेंढक
हर पेट फूटा तसला है!

इस सबके बाद भी,
लोगों को आख़िर

कहीं न कहीं जाना है
सबके अपने अपने पेशे हैं
पेशों से जुड़े
बेहिसाब
अंदेशे हैं!

हर शीशे में कहीं खराश है
सबको इस बेहिसाब फैले समुद्र में
किसी गुमनाम
कर्णधार की तलाश है!

काश! मुझे भी कोई भय बाक़ी रहता
मैं भी बर्राता कुछ
इस युग चढ़े सन्निपात में
हाथ में छड़ी लिए हुए
समझता
जरूरी हूँ
हलकान रात में!

लेकिन अब सब मर चुका है
नाक की जगह एक बाँस की खपाच है
शब्द सिर्फ़ भोंक या भिमियाहट लगते हैं
छपे हुए नाम में
गुबरैला दिखता है
देह—जैसे लोग किराए के तम्बू में रहते हैं।

फिर भी
अफ़सोस नहीं होता,
लगता नहीं, मैंने भी
हिस्सा लिया है

चूहा-बिल्ली के खेल में
नहीं शिकायत
कोई और
किसी और का
गोश्त नोंचकर
मुझे
फेंक गया
इस निभीत जेल में!

अब सब अतिप्रश्नों से दूर चला आया हूँ
कोई और कुरेंदे
इससे पहले ही
मैं अपना साँप दबा आया हूँ!

यों हक़ नहीं मुझे
कहने का
मगर विवशता में भी एक न्याय होता है
जैसे—एक अन्धापन
कौंध में
या जैसे
प्रेम में गुंथा हुआ नंगापन

उसी बहाने मैं भी कहता हूँ
कोई भी स्थिति अब
बदतर नहीं रही
(सुन्दर का प्रश्न कहाँ?)
क्योंकि कोई परिणति रुचिकर नहीं रही!

उसी बहाने मैं भी कहता हूँ
सबको शिकायत है
उस दुर्विनीत नरपिशाच से
जो हर विचार

हर व्यवस्था
संस्थान की
जड़ें चाटकर
फरार हो गया है

और अब अप्राप्य है
आसमान में भटकती टिटिहरी के
चोंच झरे फेन सा,
दिखता तो है जो
क्लिन्न फफूंद सा,
पर जिसका कारण
ग़ायब है ग्लोब से!

सबको शिकायत है मुझे नहीं
मैं जानता हूँ
वह सर्वसोख प्रेत
बाहर कहीं नहीं
भीतर हम सबके साथ है

दुनिया को बदसूरत करने में
शायद हम सबका
लगातार हाथ है
फिर भी मन करता है
हँसी आए
(आँसू तो स्नायविक किया है)
फिर रोना, चिल्लाना
भौंचक्कापन
यों भी पुराना है

जबकि
सभ्यता का अर्थ हर अगले पल
नयी तरह
ऊबना उबाना है
इसीलिए
मरने तक
मैं चाहता हूँ मुझे हँसी आए
जिस तरह मुण्ड
चुप अट्टहास करता सा लगता है
मैं कोशिश करता हूँ
किसी तरह
मेरा तन
जड़-खुला दाँत बन जाए
लेकिन जो लाश
दलदल में डूबी हो
वह भला
क्योंकर उतराए।

विधेयवादी की चीख

कमज़ोर लोगों को रोने दो
मरने
भिखमंगों कोढ़ियों
अपाहिजों, बूढ़े ग़रीबों
यतीम बच्चों को
शोर धुआँ हल्ले का
जलता सहारा ओढ़े हुए
दहकते अलाव पर खड़ी है वह
सैकड़ों सालों से
रोग भूख छितराकर
औंधी गिरती हुई–
अब कहीं जाकर गिरी है वह!

गिर ही रही है तो उसे
पूरी तरह गिर जाने दो
काफ़ी दिन रह ली समझदार दुनिया
अब उसे पागल हो जाने दो।

असहमत भी हैं वे वर्षों से
भूल भी गए कारण लड़ाई का
करने दो उन्हें नंग-नाच
वे विधायक हैं
हर धड़कती हुई नब्ज़ के

उठा हुआ हाथ
मत रोको क़साई का
पृथ्वी का चेहरा
सभ्य बनाने में लगे हैं वे
रुकेंगे नहीं
उन्हें जाने दो
मिट्टी की कोख तक पटाख़ा छुड़ाने।

ज़हर घोलने दो
समुद्र में
मरीनों को
डूबने
मशीनों को दर्शन की भाषा बोलने दो।

कीड़े आखिर कब तक भोगरत रहेंगे
यों भी तो
मरेंगे लोग कुकुरमुत्ते,
नाबदान फटने से पहले
बुरा नहीं 'नापाम'
आने दो
काफ़ी दिन रहली समझदार दुनिया
अब उसे पागल हो जाने दो!

क्या हुआ?
अगर दल विरोधी
कुछ औंध-बुद्धि दबा दिए गए बर्फ़ में—
निर्वासित हो गए
कर मरे
आत्मघात
क्या रक्खा है

कला फला
शब्द अर्थ में।
कई लाख सालों से
ठंडा हो रहा सूर्य
ठंढाता ही नहीं
क्या करें?

उसी तरह आते हैं
उन्हीं उन्हीं नामों के
वही वही दिन
रातों में
कब तक खर्राटे भरे।

न अवतार होता है
न मुर्दे ही खड़े होते हैं।
क्यों प्रतीक्षा करें?
आदमी बहुत दिन रह लिया
आदमी
हुआऽने दो!

शीत युद्ध

सबके पास डंक है!
सबको
यह ज्ञात है
डसने के बाद
मधुमक्खी
मर जाती है।

दैत्य दर्शन

पेड़ों में बन्द हैं न उठे शहरों के द्वार,
अब बन्द ही रहेंगे
पृथ्वी भी और नहीं बढ़नी
लौट भी नहीं सकते तुम गर्भ में
यहीं यहीं
यहीं भुगतने होंगे तुम्हें इल्ज़ाम कविता के!

सात आँख वाली
दुनिया तो सदा से खोटी थी
तुम्हीं नहीं समझे इस भटचांचर को
वरना यह शुरू से
पची हुई रोटी थी!

किसी एक ने ओंक दिया तुमको
दूसरी खुशी खुशी
सोख गई
तुम चिल्लाते ही रहे
नहीं नहीं नहीं नहीं!

अक्सर सुनोगे तुम
सुख के क़िस्से,
कैसे वह पिछले ज़माने में
शहनाई बजाकर

पत्नी या सिक्के या बच्चों की पोशाक पहने
पकवान खाता खिलाता
धुत्त बावलाया
बिस्तर पर गिर जाता था

सोता रहता था दिन चढ़े तक
और सब खा पहन भोगकर
कमर झुकाए हुए एक दिन
तराशे पत्थर के सामने
दोहरा हो जाता था

वह सब अब नहीं है
खाना या सोना
देह के लिए अब उस तरह जरूरी नहीं है
अक्सर सुनोगे तुम
पिछड़े ज़माने में
रति ग्रन्थि से छटपटाकर
लोग स्त्रियों को वक़्त दिया करते थे

रोते चिल्लाते
ताक झाँक करते
बांय शांय बकते
कभी उसके बालों
दाँतों या आँखों की
तारीफ़ें करते न थकते थे
उन्होंने एक शब्द भी गढ़ा था
इसके लिए–
छोड़ो–वह संगत नहीं है।
उन दिनों लोगों को एक और रोग था–
यों था–

कि एक सीख़चा था
जिसके इस तरफ़ सभी लोग होते थे
उस तरफ़ कई नामों वाला जादूगर

सब सोचते थे
कभी जब वह आएगा—
मानचित्र पर पड़ा
हर धब्बा उड़ जाएगा।

जादूगर होता तो आता
सीखचों में ज़ंग लग लग कर
झरता गया
मानचित्र
फटता सड़ता गया।

जहाँ जन्म लेना दुर्भाग्य है
जीते चले जाना
सौगुना

कह सकते हो तुम
ठीक किया तुमने
कुछ नहीं चुना।
मगर आदमी सब तरह गुनहगार है
दरअसल यह बेढंगी क़तार है
तुम जिससे ऊबकर
अलग खड़े हो गए

क्षण भर के लिए लगा
तुम बड़े हो गए—।
लेकिन विद्रोह

एक ऐसा हथियार है
ठीक रहे वार
बेमानी हो जाता है
न रहे,
खा जाता है जनक को!

तुम्हीं नहीं थे पहले
तुम से भी पहले
होकर इस चकमक पगडण्डी से
कई और ज़िद्दी गए हैं

लेकिन हर बार
काट लिए गए पाँव
या फिर जल गए हैं
अपनी भभक में

जाने किस झक में
भाग रही हैं नदियाँ
घूम रही है पृथ्वी
आँधी से खड़े नहीं रहा जाता!

देखो न!
यह तमाम भाग-दौड़
सिर्फ़ इसलिए है कि
भीतर कहीं एक लोथ है
जिसमें विचार दौड़ता है
और हर विचार
परिणाम है
हज़ारों वर्षों के प्रचार का
तुम भी थोथा परिणाम हो!

तब आओ
पैरों में पहिए बाँध दूँ
        गति से उदासी—मर जाएगी
                नफ़रत के साथ करो भोग
जीवन स्वाभाविक रूप से फीका है (भोंडा भी)
                        ताज़गी रहेगी

    छोड़ो यश, अमरता
        सब पिछड़े रोग हैं
    अग्नि-धर्म ही एक धर्म
    रचना के अतिरिक्त मलत्याग से
        कहीं अच्छी है
            कठ जड़ता
        मूर्ख-सिद्धि
    ख़ालिस अकर्म।

गर्हित गाथा

सारी कड़आहट चुक गई
नफ़रत भी बासी हो चली
क्या करें?
क्या करें अब हम इस निचुड़े दिमाग़ का!

'हाँ-ना' के बीच कई सदियों की यंत्रणा
झेली हममें से हर एक ने,
फोकल कहकर
फेंक दी,

दुनिया रंगोंभरी
कोई नहीं आया पर देखने,
छिला जला बदन प्रायद्वीप-सा
(हम अग्नि-नाभों का)
कैसा प्रतीप था?

कि मर मर कर हमने
जो अमूर्तियाँ गढ़ीं
वे ही चिल्ला पड़ीं
हम सबके हाथ काट दो

बदला कुछ भी नहीं
व्यर्थ गया सोचना
क्या करें?

क्या करें अब हम
पुर चले जख़्मों के
दाग़ का

इतनी कम जगह घेरकर जिए
जैसे अजात् तंग गर्भ में
पेट और पीठ एक करके पड़े रहे
कविता के काले स्वग में।

कोई 'सारमेय' तक
न आया पर भोंकने
(कि हम अब आज़ाद हैं)

रुई की तरह रेशा रेशा जला दिया
शीशे के सामने, आँखें
भर लीं सीमेंट से!

छुटकारा
नहीं मिला, नहीं मिला, नहीं मिला
(विष्टा समुद्र में छुटकारा कैसा दुर्गन्ध से)

बदला कुछ भी नहीं
कूड़ा उसी तरह फलता झरता रहा
उसी तरह कुचला जाता रहा आदमी
काग़ज़ से या फिर--टैंक से!

कड़ुआहट चुक गई
तापमान गिर चला
इतना साधारण अंत नहीं देखा
हमने किसी
आग
का
क्या करें अब हम इस निचुड़े दिमाग़ का

गणतंत्र

रात के कड़ाह में
खून टपकता है
उल्टी टंगी है बीमार गाय
बरसों से!
साँस आती है
वध होना भर बाक़ी है!

खून टपकता है
कड़ाह में
नक़्शा फटता है।

मालिक की श्वेताम्बर देह पर
दाँत ही दाँत हैं
कौन बचाए
अब
खुश्क-आँत गाय को

मेंढक
सुरक्षित हैं
'धकधक सूराख़' में!
कोई एक कई कई लाख में
जब कभी गाय को हालत पर गुस्सा दिखाता है
गुम गड़ाँसा खच गिरा जाता है!

एक नमकीन बूँद सामूहिक दाह में
—क्या करें
ख़ून टपकता चला जाता है
रात के कड़ाह में।

देश–एक शोकगीत

जो सोच सकते थे
रहे नहीं!
हैं जो
तटस्थ हो चुके हैं वे ऊबकर
(उपरति दोबार कहाँ होती है!)

बेझिझक
अँधेरे में
रौंद रहे हैं जो तेरे कंकाल को

नहीं सोच सकते वे
इसी तरह
रौंदते
रहेंगे
(रति की मृत्यु नहीं होती है)

इन तमाम
शब-भोगी लोगों के बीच
ओ! मेरे मरे हुए देश
आँसू आ जाते हैं सोचकर,
कल सुबह तेरी
लाश तक पहिचानी न जाएगी।

मिथ्याचार

रोज़ चिपकते हुए
पोस्टर पर पोस्टर पर पोस्टर
किराए के गायकों के छाती-पीट दर्द से
भरे हुए घर!

एक अनिर्णय को
दूसरे अनिर्णय से जोड़तीं
भूसा स्पीचें नेताओं की
सारा दिन दूकानों पर हल्ला बोलतीं
फ़ौजें सुख-ऊबी महिलाओं की!

माथे पर लाल
फ़ीता बाँधे हुए, डब्बों में बन्द
सैकड़ों अधिकारी
नीचे से ऊपर तक एक एक को
पागुर करने की बीमारी!

बिना यह समझे हुए
कि क्या चाहिए
अन्याय के खिलाफ़ नारा लगाते
नपुंसक हड़ताली
एक ओर लगातार झूठे आश्वासन
दूसरी ओर लगातार
फुसफुसी गाली!

केवल सुगृहणही
कन्याएं देते और माँगते
विज्ञापन विवाह के
नयी चेतना का
पटाखा छुड़ाते 'शंख कवि' भूखे
वाह वाह के
पराए दिमाग़ से
अपना पेट पालते
ईमानदार, लोढ़े, अध्यापक
सब तरफ़ घटाटोप बोदापन
सब तरफ़ लगातार बकबक

थोक में छपी हुई
सदिच्छाएँ भेजते
कनखजूरे नए साल पर
मन करता है
मैं,
जड़ लूँ तमाचा अपने गाल पर!

तल का पानी

जैसे युद्ध के दिनों में
अपना लगने लगता है बेहद
देश

जितना ज़्यादा हो जाता है शोर
चुप्पी भी उतनी गाढ़ी हो जाती है मेरी
बुरी तरह भाग रहे लोग
पस्त और बेहाल
और अधिक सुन्दर हो जाते हैं
मेरी आँख में

क़िले की भारी भरकम दीवार
फाँदने के बजाय
मैं देख लेता हूँ
दुनिया-भर दृश्य
छोटे सूराख़ से!

सोई हुई दुनिया
मानी जा सकती है मरी दुनिया
अँधेरे में शहर—
धड़कता हुआ क़ब्रगाह
लेकिन उन सपनों को
कैसा झुठलाया जा सकता है

जो फूटकर
            नींद की नम कोख से
सुबह नई शाख़ की
भूमिका बनाते हैं।

मैं–देश

सुबह शाम
भरपूर
मैं गाली देता हूँ अपने धँसे हुए ललाट को
भूखी
उँगलियाँ
घाव किया करती हैं रान पर
कान पर
जूँ
नहीं
रेंगती
जब मेरे पाँव खड़े होते हैं ज़िद में
भाषा की आग पर!

दाहिनी
बुरी तरह नफ़रत करती है
बाईं आँख से

दिमाग़ से मैं
किसी अनजाने जंगल में रहता हूँ!
अक्सर इस
भीतरी
लड़ाई में
सिकुड़कर रुक जाते हैं मेरे फेफड़े

और मुझे लगता है
मैं मर चला हूँ
मर जाना ठीक है
शायद मर जाता हूँ।

लेकिन जब मेरी प्लीहा के आर-पार
गरम
भागता हुआ
लोहा
निकलता
है—एक बार ज़ोर से
मेरा दिल हिलता है
पता नहीं कैसे
रुकी हुई नब्ज़
चल पड़ती है
दूसरी कलाई पर
और मैं लौटकर
एक ही शरीर में
करोड़ हो जाता हूँ
क्या करूँ?
मर नहीं पाता हूँ!

गोरखधन्धा

किसी को भविष्य बताने वाले बैल की
तलाश है
पैराणिक तोते की तरह
किसी को जान
कुर्सी या प्रेयसि के पास है!

कोई जनाब जीत लेने के चक्कर में
क़स्बे को जोड़ रहा है हवाई अड्डे से
कोई
आदर्श ही आदर्श
थूक रहा है
पड़ा पड़ा परम्परा के गड्ढे से!

कोई
विदूषकता के लिए
अभिनन्दित है
कोई सिर्फ़ इसलिए महान् है कि
निन्दित है।

स्टण्ट फ़िल्म की तरह
प्रकाशक से कोई
स्वर्ण-जयन्ती मनवा रहा है
कोई सिर्फ़ बच्चे बढ़ा रहा है।

जहाँ सब तरफ़ इतनी बकवास है
वहाँ कविता ही कहाँ का सरग-वास है।

निर्वाचन–विपरीत रति

कुत्तों की भाषा मैं नहीं समझता
यों मेरे देश में बन्दर ज़्यादा हैं
फ़िलहाल मैं
सिर्फ़ मेमनों के बारे में कहता हूँ!

माँ द्वारा
दी जाने वाली, गाली की कहानी के
बावजूद
जो बेहद ग़ुस्सा हैं (थे)
नम्र भेड़ियों से!
और भेड़िये
कोई 'लेमिंग' तो नहीं, जो
होकर ज़्यादा
तादाद में
सामूहिक आत्मघात कर लेते

ख़ास तौर पर जबकि
उनमें आपस में होड़ हो
कौन किसे खा जाए!
फिर सींगदार धनी बकरे भी तो थे खाने को!
बहरहाल
पिछले दिनों कुछ ऐसा हुआ
गाली देते हुए मेमने

वर्षों से खर्राटे लेते भेड़ियों को
पुआल का गट्ठर समझ खा गए
यह और बात है
विपरीत रति (क्षति) के दौरान में
जन-सेवा के लिए
कुछ नए तेंदुए जंगल में आ गए!

रस-वचन

सत्तारत मूर्खों के आगे झुका हुआ
अब मैं विदूषक लगता हूँ
अपने आपको

उदार पक्षपातरिक्त, शिष्ट आदि कहता हूँ
गाली नहीं देता हूँ
साँप को

उँगलियाँ जल जाने के बाद
एक हाथ की
अब बाएँ हाथ से सिर्फ पैर छूता हूँ
यह और बात है अब भी मैं,
जितना कुछ साबुत हूँ
चलने के लिए फटा हुआ जूता हूँ

एक भला आदमी कहलाने की धुन में
पीछे एक चीज़ हिलने वाली
लगाली है

मेरे इस भक्ति सने चेहरे की तुलना में
अब किसी भी मंजन का
इश्तहार जाली है

यों हुआ कि जब जब मैं
कुर्सी या कारों पर
पड़ी हुई लाशें सरकाता

हर थलथल पेट या कि
बन्द-बुद्धि मुर्दा
जिह्वा लटकाकर मुझ पर गुर्राता।

एक दिन मैं चौराहे पर गया
घबराकर सब्ज़ी की डलिया में घुस गया
उस दिन से मैं भी
वाहन हूँ, पद हूँ–
चमत्कृत हूँ अपने कायाकल्प पर
रस चूती दुनिया में बुरी तरह गद्गद हूँ

पालक के प्रति

कथन से कर्म तक
एक साथ
साधक भी
शासक भी
दया सिन्धु
हत्यारे
धूर्त, ललनाकांक्षी भी
ऐसे पुरुष (महा)
मेरे ही पिता होने थे
अहा!
ग्राम जीवन से
नगर जीवन में
आकर यह ज्ञात हुआ
पूर्वज—
कितने घिनौने थे।

नास्तित्व के बाद

अपने ही होठों से अपना ही रक्त चूसते हुए
मैंने एक उम्र राख कर दी है
भर ली है विस्मृति से छलनी अस्मिता
किसी देवदारु की छाँह तले बैठकर
उसका ही तना छीलते हुए।
कभी नहीं सोचा

मेरे वातायन को चूमता
आकाश सभी देशों का
एक दिन विमुख भी हो सकता है
एक दिन खण्ड खण्ड होकर
सूर्य भी मिट्टी के घर में सो सकता है

और अब
द्वारहीन भीत्तियाँ
लँगड़ाते यंत्र-चक्र
अधबने सेतु
प्रतिरक्षारत बच्चे
निर्वाक हैं
मुझसे इस ठहरे 'नास्तित्व' की स्याह छटपटाहट
सही नहीं जातीं

उदय होने दो
मुझे अब जन्म लेने दो

मैं हताश देश का अस्त संस्कार हूँ।
(पहले भी था फिर उभरी हूँ आज मैं)

एक लकड़हारे की लाश लिए घूमी है
यम की तलाश में
मेरी विकल्पहीन
वेदना

जनमत के लिए आह
निष्कासित तक कर डाली है मैंने अंगना

ओ मेरे देश के अनाश्वस्त अग्रजो
धो डालो यह विकृत दृष्टि
और सोचो

वह सान्द्रासक्ति
वह सपाट न्यायनिष्ठता
क्या पागलपन भर था या और कुछ?

यह नहीं कि मोह है अतीत का
या पश्चाताप है
सिर्फ यह कि

नास्तित्त्व पाप है
उदय होने दो
मुझे अब जन्म लेने दो
मैं विषण्ण देश का ध्वस्त संस्कार हूँ।
यों मुझ को ज्ञात है
यह सुविधा-भ्रष्ट देश
लकड़ी की तरह पड़े साँपों
हरियाली ओढ़े चोरों

पर-जीवी लचकदार बेलों से भरा हुआ वन है
धूप जहाँ
पानी की तरह सूख जाती है
सत्य की तलाश में भटकते शहज़ादे की
देह संगमरमर की प्रतिमा बन जाती है!

किन्तु क्योंकि
पौरुष परास्त नहीं होता
धैर्य आत्मघात नहीं करता
ओ मेरे अग्रजो,
मुझको फिर मेरा स्थान दो!

नहीं, मुझे ढको नहीं
फटे भोजपत्रों से
कहकर इतिहास नहीं टालो यों
बन्द मत करो किसी चमत्कार गृह में

मैं फिर प्रारम्भ से निरर्थक हो जाऊँगा!

दहशत

इससे पहले कि पागल हो जाऊँ
चढ़ बैठूँ गरदन पर
हाथ में ज़हर-बुझा कोड़ा लिए हुए
सड़ासड़
मारता चला जाऊँ
रुकूँ
नहीं नहीं नहीं

या दबा दूँ जलती रेत में
ये अपनी आँखें, नाक, कान, जिह्वा
कूद जाऊँ ताज़े चूने के
हौज़ में
या कि
फिर क्या करूँ?
मैं इस व्यवस्था से बुरी तरह घबरा गया हूँ।

ज़िन्दा बने रहने का दर्द
और दर्द के एहसास पर शर्मिंदा
मैं काफ़ी रह लिया
ज़िन्दा
अब नहीं होता क्या करूँ?

एक सभ्य प्रेत
हर सुबह मेरे फेफड़े दबाता है

दबाता चला जाता है
(जैसे मैं कोई लाश हूँ)

यह जो घुस गया है मेरी त्वचा में
संज्ञा के नाम पर
मन करता है
तेज़ धार वाले छुरे से तराश दूँ
याकि फिर क्या करूँ?
मैं इस व्यवस्था से बुरी तरह घबरा गया हूँ!

अजब कोयले की
खान है दुनिया
जो भी आता है
बिरंगा हो जाता है
भयंकर पाखण्ड और
साज़िश पर
खड़ा हुआ—
यह क़िला हर नयी हत्या के बाद
और अधिक ऊँचा हो जाता है!

एक गेरुआ देश छीलकर
निकाल दिया जाता है
नक़्शे से
और

कुछ नहीं कहता कोई भी
आपस में लड़ते हुए ढीठ कुत्ते
खा जाते हैं दयार्द्र
मालिक को
और

कुछ नहीं कहता कोई भी

रोज़ एक गांधी, सुकरात और ईसा के
वध से भयभीत मैं
वृहन्नला भीड़ों में
किसको आवाज़ दूँ
जो मेरी आँतों में
घाव करती है
ऐसी रोटी का क्या करूँ?

दुनिया की छत से
लटककर
देख रहा हूँ तमाशा कई साल से
कोई नहीं छुटकारा चाहता
सत्ता और सुविधा के जाल से।
क्या करूँ?
ज़हर-बुझा कोड़ा लिए हुए
मारता चला जाऊँ

या कूद जाऊँ ताज़े चूने के हौज़ में
या कि फिर
क्या करूँ
क्या करूँ?

शल्य चिकित्सा

ईश्वर तो नहीं ही है
सहा नहीं जाता अन्याय अगर
तब यह बदबू भरी
मांस और हड्डी की कोठरी छोड़ दो
रें रें रें मत करो
वह तो नहीं ही है!

ये सारी दौड़ धूप
झांय झांय
फैले सीमेन्ट पर
लोहे का मेला

देह से देह बनाने वाली देह की तलाश ये
सारा बवेला
ये तमाम घिसी फट्ट बहसें
(लफ़ूसड़े होठों की)
रोज़ रोज़ वही लुंज इम्तहान
उन्हीं उन्हीं खुशियों की कौंध में
एकाएक फक पड़ता
तामझाम!

यह सब चलेगा
चलता चला जाएगा
घिसटा नहीं जाता अगर
पैर पिघुल गए हैं धकापेल में

तब अपने सारे कपड़े उतार दो
वरना किसी की भी गरदन मरोड़ दो
रें रें रें मत करो।
दुनिया निकलती है
एक ही सूराख़ से
हाथ पैर मार कर
अट्टहास करके
पिट जाती है एक दिन मुट्ठी भर राख से।

क्षुणाक्षर न्याय है
कि तुम एक बदसूरत दुनिया के
बदसूरत युग में जन्मे हो
मूर्ख फ़ालतू और अड़ियल हो
सिर्फ़ मुलम्मे हो!

हर एक 'हाँ'
जानवर बनाती है
(अजब-अजब करतब दिखाते दोपाए)
बिना किसी चोट के
औंधा कर जाती है

मजबूरी है
देखो न!
खुद तुम्हारे पैरों और सर के बीच
कितनी बड़ी
दूरी है!
यह दूरी कम करो
सर नीचा करो
भेड़िया-संस्कृति में नापाम तर्क
काम देता है!

सोचना फ़िज़ूल है।
ठीक है
भीतर एक रात है
ठीक है
साधारण रात नहीं यह तुम–भीतर
करोड़ों
कुश-चिरी ज़बानें लपकती हैं
या
पिघले सीसे की नदी के तले बन्द
एक जीवधारी तहखाना है

कोई भी
नहीं बताता तुम्हें
इस सुअर सभ्यता
का
मल ढोते हुए
तुम्हें कहाँ जाना है!
पर जब सभी कुछ
ऊल ही जलल है
सोचना फ़िज़ूल है–

या तो 'ना' कहकर
यह कोठरी हड्डी-मांस की
छोड़ दो
या फिर पैने करो दाँत
खाल ओढ़ को
रें ऽ ऽ ऽ मत करो
मुझको अब तुमसे हमदर्दी नहीं रही

रोगेच्छा

वर्षों से क्रोधान्ध
गुफ़ा छोड़कर
तोड़ी हैं चट्टानें,
पार करते हुए
झरने

गोश्त निकाला है अपने माथे का
अपने पंजे से
कन्धे से गिराए हैं डगमग
साल, चीड़, सागवान
लोहूलुहान—
अब सोचता हूँ
कोई बीमारी ही
बचा सकती है
मुझे मरने से

स्वार्थ सुरक्षा चाटुकारी
सत्तामद ढोंग याकि जड़ता
दुनियाँ में
बहुत रोग हैं
काश मुझे भी
कोई लग जाए!

प्रतीपों के जंगल में

फ़ासले
सब तरफ़ लेटे हैं हवाई अड्डे की तरह
और एक टाँग पर खड़ा हुआ
उचक रहा हूँ मैं गति नाम पर

घिसटा चला जाता है
सड़कों पर
पिचके ख़ाली कनस्तरों
खाल जले ठूँठों
पगुराती गायों
का कारवां

सभी के माथे पर हत्याएँ
अंकित हैं
फिर भी
मैं

ज़िन्दा हूँ
दुनियाँ भर के आधे पागलों
लफ़ंगों, धूर्तों, सत्तान्धों को लेकर
शर्मिन्दा हूँ!

मेरे दिमाग़ में ततैयों का छत्ता
होठों पर कनखजूर चिपका है
अखबारों में चर्चा है

चार वर्ष की बच्ची
माँ बनने वाली है

चन्द्रमा—

हीरों की खान है
एक और सृष्टि प्रति-पदार्थों में बसती है!
और मुझे लगता है
देह पार दुनियाँ के वितल पर खड़ी हुई
मेरी अछाया
थूक रही है मेरे नाम पर!

वह धकापेल है
कि कुर्सी पर बैठ कर
सिद्धान्त उगलते हैं कुछ बगुले
वाह वाह करते हैं——घोंगे
कुछ जोकें कुछ—कछुए।

मैं देखता हूँ
कुछ लकड़बग्घे संसद से निकल कर
पहुँच गए हैं घर रखैल के
और उधर कोई सुकरात रोज़—
अन्धा हो जाता है सीख़चे गिनते हुए जेल के!

बार बार खुद को झकझोर कर
कहता हूँ मैं
'रचना कदर्थ है, तिलचट्टे रह जाएँगे ग्लोब पर'
फिर भी
कुछ कवियों की जूठन सजाए चला जाता है
एक छद्म-पारखी
अपने जन्म-दिन के अपूप पर

जो भी जहाँ भी है
अब बीमार है
सभी को
किसी न किसी तरह का
बुख़ार है!

एक निरुक्ति

अचूक
संयोग
है
जीवन

अचूक व चिरन्तन–
समय
नहीं
टिकता
ग़नीमत है।

समय अगर टिकता
तब ये पंक्तियाँ
कोई नहीं
लिखता

विमुक्त-शती के लोगों से

गाली देना
हम पर थूकना
कि पशु-परिस्थितियों के बीच भी
हमने उम्र काट दी हत्या किए बिना!

कि एकदम बेमानी था
हम सबका
कविता में
चीख़ना
क्षमा नहीं करना
जब ज्ञात हो
हम सभी
भीतर से तीन थे

जो भी
न सकते थे
बिना मशीन के
फिर भी ग़मगीन थे।
अपनी कमजोरियाँ पुर्जों पर थोपकर
लौट लौट जाते थे
किसी चरागाह में

कि हम सब उच्छिष्ट थे
मज्झिम निकाय के!

कभी उपराम नहीं हो सके
हँसना कि हम सब
बेहद गंवार थे!

अधुना समझते रहे
अपने आपको
जबकि हम सिर्फ़
सभ्यता की फिहास थे!
पूरे विश्वास से
हम नहीं कूदे
नीतीतरता के
गढ़े में

वरना क्या अन्तर था
ईश्वर
या
टूटे
घड़े में

दरअसल हम बहुत बड़े ढोंगी थे
अपने ज़माने के
नफ़रत भी करते थे सत्ता से
क़ायल थे
पूँछ भी हिलाने के
यों बुद्धिजीवी थे
घायल थे!

कामना कुमारी

शिकायत है
बोतल में बन्द बुढ़िया को
बाहरी खुलेपन से
(शीशा अन्धा भी हो सकता था)
बुढ़िया को दे दो झोंपड़ी!

बुढ़िया को रोना है
दीवारें टेढ़ी हैं
छत में सूराख़ है
सुबह सुबह धूप तंग करती है
(दीवारें नहीं भी हो सकती थीं)
बुढ़िया को महल चाहिए!

महल की छत से आसमान दिखता है
छत पर टहला जा सकता है
आसमान काश!
पाया जा सकता
ओढ़ा जा सकता
खाया जा सकता
बुढ़िया को आसमान कौन दे?
बुढ़िया बोतल में बन्द
ठीक थी
उसे बन्द कर दी फिर बोतल में!

बन्द कर दो फिर से बोतल में!
यह क्या हुआ अरे?
बुढ़िया तो
मर गई

बोतल भी वही थी
बुढ़िया भी
फिर
कहाँ कैसे क्या चीज़ गड़बड़ कर गई!

पटाक्षेप

दूर बड़ी दूर
साँसों की घर्र घर्र से
एक खोपड़ीनुमा कमरे में बन्द
देख रहा हूँ मैं
उसे हज़ार दिन से।

सवेरा हुआ था
चीख़ सुन पड़ी मुझे
वे उसे बाँधकर तंग कठघरे में रख आए
वह तब युवा था!

लपटों का एक ठोस बादल
मुड़ी सलाख़ों से
दिनभर टकराता रहा
स्वर आता रहा–
"मुझे सूर्य छूना है,
हवाओं की पपड़ी उतारकर
नदियों की चाल ठीक करनी है
धब्बों पर जमी धब्बों की परतें तराश कर
ग्लोब पर।

किरनों के डोरे पिरोना है
मुझे कुछ होना है"
समय था जाता रहा
स्वर नहीं रुका!

"मुझे प्यार करना है मिट्टी से
बीमार बुढ़िया को दवा देनी है
गिट्टी से
लय निकालनी है
लोहे की बेटी को और तेज़ अश्व पर बिठाना है
तहज़ीब सिखानी है
आकाश को

मुझे कन्धा देना है
लावारिस लाश को।"

किसी ने नहीं सुना
कई गुना अँधेरा
जब जम गया
सलाखों में

उसे बताया गया
वह अपराधी है
स्वप्न देखता था
इसलिए राजा ने
सज़ा दी है!

रोटी मिलती रही
चलती रही कथा
व्यथा
पता नहीं दुबक गई
भीतर जाने कहाँ!

एक दिन वह कह रहा था पालतू गधे से
देखो मैं जीवित हूँ कितने मज़े से

काम नहीं करता
सलाम नहीं
करता
खाता हूँ सोता हूँ
दुनियाँ की हाय हाय से अलग
दिन बिताता हूँ
आराम से
राह नहीं देखता सवेरे की
घृणा नहीं करता शाम से!

बहुत वक्त तक वह
बड़बड़ करता रहा
गधा समझदार था,
दुम हिलाता रहा
चरता रहा!

फिर कभी जाते मुसाफ़िर से
सुना मैंने
वह कह रहा था
भाग्य भी अजीब है
मुझे बन्द सुख से
खुले सुख में ले आया है
पता नहीं मैंने
क्या खोया-पाया है!

रातों सितारे कवायद करते रहे
सूरज के सूरज
रोज़ गगन-वृक्ष से
पककर
झरते रहे

कुछ दिनों बाद—उसके हाथों से
रोटी का टुकड़ा
गिर जाने लगा
साँस
फिर आँखें
फिर शब्द शब्द लड़खड़ाने लगा

मैं कह चुका हूँ—मैं दर्शक था
जैसाकि शक था
अब वह 'मैं' कहते
शरमाने लगा
खुली आँख सोने
चीज़ों के नाम भूल जाने लगा!

अंतिम बार मैंने बोलते सुना उसे
वह कह रहा था
सींख़चों में फँसे खरगोश से
'क़ब्र और गर्भ में आता जाता नहीं
कोई कभी होश से'

इसी बीच ख़रगोश
छड़ की पकड़ से निकल चुका था
और वह आदमी
(अफ़सोस होता है दर्शक होने का)
बिना धुआँ लपटों के
बिना देह छोड़े
चल चुका था

एक स्वीकारोक्ति

मेरे पास
अपना तो कभी कुछ था नहीं
(आग सिर्फ़ परजीवी होती है)
जो कुछ भी आया
समिधा होता रहा
अपना तो कभी कुछ था नहीं

जली हुई मिट्टी
और
भभके परिवेश पर गर्व करता हुआ
जन्म मेरा लगातार
वर्षों तक हुआ किया
अपना तो कभी कुछ था नहीं
इसलिए
काल ने भी समझौता न किया।

अकस्मात् गोरी फुहार-सा
तेरा स्पर्श/सब अदल बदल कर गया

जली हुई मिट्टी पर
लपटों का पौदा
हरिया कर
झर गया

रिफ़्लेक्स

झन्नाकर उठ बैठेगा सोया दुःख और
गगन पके घाव सा
फूटकर बहेगा
दरारें पड़ जाएंगी कई
समुद्र में
कोई भी
कहीं भी
कुछ भी न रहेगा—
तुम अगर परांगमुख हो गईं!

सारी व्यवस्था—यह कि
कई कई साँसें साथ नहीं आतीं
झपती नहीं कभी
अलग अलग, पलकें

रक्त सिर्फ़
धमनियों में ही है बहता

यह सारी कविता
सिर्फ़ इसलिए है कि तुम गुनगुनाती हो!

तुम यदि चुप हो जाओ
पागल हो जाए पूरी शताब्दी

अनींद रोग से
तुम यदि मुँह फेर लो
सूर्य कभी उगे नहीं
मृत्यु होने लगे
भोग से!

यह तुम्हारी
किलकारी है
कि ओस ढलती है

अँगड़ाई है
नदी चलती है!

स्याह पड़ जाएंगी सब वनस्पतियाँ
नामहीन
अर्थहीन
जन्महीन
धरती में बन्द बन्द
पथरा जाएंगी
सब कृतियाँ!
हवा : इस्पात
धूप : तरल कार्बन

समय पक्षाघात से
चीख़े चिल्लाएगा
तुम अगर उदासीन हो गईं!

वैयक्तिक क्षण

विद्युत की तरल धार
जैसे बहने लगे भीतर शिराओं में
और सारी कालिमा
चन्दन का फूल बन महक उठे
अपरिचित लगने लगे
पीली उदासी
और हर चाह जैसे
उपलब्धि बनने को मचल उठे!
होठों से उठे एक लय
केकापंखी–
और छा जाए पूरे अन्तराल में

तेरा दुलार
ओ मनः संगिनी!
ठंढा ठहराव है
निरवधि काल में

कृतज्ञ अभिव्यक्ति

सब तरफ पहाड़ों के
बीच के थोड़े समतल में
एक पारदर्शी
थिर सोता है
ठंडा, निदियारा–।

नमक की सीली डोरियों
कसा हुआ मैं
हर शाम थका हारा
तन अपना धोता हूँ!

सोता वह
मेरे तेज़ाबी सम्पर्क
या कि
रक्त-बीज खारेपन
के बावजूद

फटता कभी नहीं
वह निश्छल पानी है
रानी इस घर की!

शर्त

मैं तुझे रक्त की आखिरी बूँद तक दूँगा
उस घुमड़न के बदले
जो तेरे अन्तर में
उठती है

यदि मुझे लग सके
वह घुमड़न
मेरे ही कारण है
मेरे ही ख़ातिर है
यों ही रहेगी

मैं हर सुविधा
सम्बन्धी
और
एकान्त

सब छोड़ दूँगा
उस आह के बदले
जो तेरे
होठों पर
उगती है
यदि मुझे लग सके
वह केवल मेरी ही
दूरी का घोष है
यों ही उठेगा!

दो चौखटे

अतीत :
ताल के किनारे डरकर फेंके गए शिशु-सा
या
निजी अँधेरे से लड़ती हुई
एक फटी लौ
रेगिस्तान में–

प्रिया के वक्ष की गुनगुनी धूप में
लय छेड़ता सा
गन्धर्व
या
रेशम की गाँठ लगाता हुआ

देवदूत,
क्रमिक वर्तमान में!

दुनिया न वहाँ थी
दुनिया न यहाँ है
दुनिया कहाँ?

निर्वाक स्वीकृति

मैंने भी उसे खोया है
अपनी तरह से!
पाकर न सही
अप्राप्य सतह से
गिरकर
पत्थर जब डूबा
गोलाइयाँ नहीं बनीं
लहरें नहीं उठीं
सिर्फ़ एक ढूह
औंधा धँसता चला गया—
जैसे गड्ढा उठता है
चाक पर,
मैंने खो दिया
सपाट को निराट में
डुबो दिया!

नगण्य ऐतिहासिक

भूगोल नंगा है
सागर के गर्भ के अलावा!
गृहयुद्धों से तानाशाही तक
राजनीति का शरीर
गन्दा है

धर्म और दर्शन के खेत में
जो भी उग सकता था
उगा खा गए मेरे
पिता और पितामह
विज्ञान--
क्रूर और ठंडा है!

इस बूढ़ी दुनिया में
इतना बेडौल हो चुका इतिहास
अग्रगण्यों का
(साधारण बात हो गई है महानता)

मैं सोचता हूँ
कविता लिखता हुआ
इतना छोटा बन जाऊँ,
मुझसे शुरू हो क्रम
नगण्यों का!

अन्तिम उद्घाटन

पोली सुरक्षित पहाड़ियाँ
अब भी उगलती हैं
ठोस पानी
शहर की लावारिस
मैदान-सड़कों पर
भरती हैं अब भी
समुद्र (बेदिमाग़) को!
मगर आसमान अब
लगातार खुलते क्षितिजों का मंच नहीं
एक निष्प्रयोजन हवाई दबाव है
डाँवाँडोल पृथ्वी
नहीं अन्नपूर्णा
किन्हीं सर्प तथ्यों का
अहेतुक भराव है

करोड़ गति-वर्षों जी भर कर
इस बेसहारा भीड़ ने
अब कहीं जाकर
पहिचाना है
यह शताब्दी इतिहास का
अंतिम पड़ाव है!

व्याहत सुबह के अँधेरे में

जब जब मैं शरीर के बारे में सोचता हूँ
नफ़रत से हरा पड़ जाता हूँ
मुझे अपने बुद्धिमान होने में
कोई रुचि नहीं रही
दरअसल मैं पृथ्वी से ग़ायब हो जाना चाहता हूँ

कितना अजब वक़्त है
एक भी आदमी
आदर के योग्य नहीं
सब कुछ पुराना है, बासी है, रद्दी है
नया कुछ भोग्य नहीं
पता नहीं मैं
तानाशाह क्यों नहीं हुआ
फूल उगाने के बजाय

पाटता
चिपचिपा कूड़ा (समुद्र)
गुर्झर, झाँखर, घास काटता
शायद मैं
अच्छा पशु
बन सकता था
मेरा वह सपना भी तोड़ दिया औरों ने
दरअसल मैं पेड़ बन जाना चाहता हूँ

पता नहीं मैं
कुछ और क्यों नहीं हुआ
सूर्य वूर्य पुत्र—
कम से कम भौंरा
सूराख़ तो करता जाँघ में!

कपड़े उतारकर
अब संन्यास
कौन ले
मुझे रुचि नहीं
अपने या दूसरे या किसी तीसरे मूर्ख के
निर्वाण में
दरअसल मैं भाप बन जाना चाहता हूँ!

यह कहते कहते भी
तंग आ गया हूँ
कि तंग आ गया हूँ
मुझे पता नहीं
क़ब्र
कहाँ होगी ईश्वर की
वरना अपनी खाल छीलकर
खून भर देता मैं
उसके कंकाल में

फिर कहता देखो
अपनी करतूत का नतीजा
लेकिन अब देर हो चुकी है
दरअसल मैं....!

एक और साधारणीकरण

बीमार दुनिया का मैला लबादा—ओढ़े हुए
मेरे भीतर का गर्वोद्धत दार्शनिक
खड़ा रहा छिछियाते
मछली बाजार में
बारिश होती रही!

लोग मुझे देखकर बिना बात चिढ़ते
मुझे देखते हुए
कहीं और जा भिड़ते
मैं उन पर अफ़सोस करता
जैसे जैसे पानी ज्यादा होता गया
मैं और भारी लबादा होता गया
लेकिन यह क्रम देर तक
नहीं चलना था
सूर्य निकलना था कि
मैं वह लबादा वहीं छोड़छाड़ कर
चढ़ गया 'चुप' के बेतुके पहाड़ पर!

तब से अब जब कभी पानी बरसता है
मेरा लबादा मुझ पर अफ़सोस करता है!
और हाँ
उस मछली बाज़ार में
सारा दिन कौवे काँव काँव करते हैं
थोड़े से लत्तड़ जो लटके हैं तार पर
उन्हें देखकर रात में लोग डरते हैं!

आत्मदया का क्षण

शहर रहते हुए
मैं मर जाऊँगा
दिन गिन रही होगी बीसवीं शताब्दी
न प्राविडेन्ट फ़ण्ड
न परिवार
कोई नहीं आएगा बचाने
बचना भी कहाँ चाहूँगा।
शहर रहेगा
मैं मर जाऊँगा
लोग : जिन्हें लगता हूँ
शत्रु
कुछ तब भी होंगे
मूर्ख अनुभव करते हुए
कुछ सगे मेरे
नाटक करेंगे दुःख का
ढक कर कहेंगे
मेरी कमज़ोरियाँ
मैं भी था भला आदमी।

आज के मेरे विक्षोभ
हो चुके होंगे तब शिलाभूत
आहूत हो चुकी होंगी
पीढ़ियाँ

सभ्यता चढ़ गई होगी
और कई सीढ़ियाँ
जबकि मैं लपटों में
—? पता नहीं किसकी तरह
खो जाऊँगा!

मेरे शरीर पर कहीं नहीं लिखा मेरा नाम
फिर भी अँधेरा,
मेरी कविताओं का
कौंधेगा मेरे आसपास
कोई नहीं होगा उदास
प्रतिबद्धता
विद्रोह
प्यार
मूर्खता

सबके होते हुए मैं बिखर जाऊँगा
शहर फिर भी होगा
मैं ही मर जाऊँगा!

सोनमर्ग

बेतरतीब ऊँचाइयों का माथा
बेहिसाब चाँदी से
मढ़ा हुआ है।
नहीं—

लगता है
पत्थर और पानी में झगड़ा हुआ है।

कहीं फट गई है कमीज़ पानी की
कहीं मार खाकर बर्फ़ की
पहाड़ का बच्चा
उकडूँ पड़ा हुआ
है।

यह भी
क्या कहने की बात है
यहाँ सब कुछ खूबसूरत है
यह सब पी लेने के लिए रोम-रोम में
आँख की ज़रूरत है

न जाने कहाँ भागी जाती नदी
एकदम सिरफिरी है

देखो न! वहाँ—
बैठी थी
घोड़े पर शहज़ादी
और यहाँ जैसे
भहरा कर चूने की
इमारत गिरी है

न जाने किसके हुक्म से
तैनात हैं पेड़
पेड़ ही पेड़

सदियों से खड़े हैं
और पत्थर—नहीं पण्डे
बैठे हैं पहरे पर

जबकि चश्मे
अभी अभी जन्मे
मेमने की आँख खोले पड़े हैं

माना कि फूल यहाँ हरियाली में टँके
और तारे यहाँ पर्वतों पर
जड़े हैं,
लेकिन
सवाल यह है
कि हम क्यों यहाँ
मुँह बाए खड़े हैं!

मानुषी

एक औरत
जो जन चुकी है कई अरब बच्चे
कई सौ सालों से
बीमार लेटी है!
(बहुत बड़ा धोखा घूम रहा है, पृथ्वी नाम का)
बच्चों ने फाड़ दी हैं
वे किताबें
जिनमें पिता का ज़िक्र था
अब वे आज़ाद हैं;
लड़ते हैं
नफ़रत करते हैं
उस औरत से!

कोशिश में हैं,
वह जल्दी से ज़ल्दी मर जाए!

औरत भी बड़ी ढीठ है—
हज़ार दुखों से चिंथड़ा चिथड़ा
चिल्लाती भी जाती है
और बेतहाशा
बच्चे भी दिए जाती है!

'पिस्सू घाटी' पर

वह माँद
　　वह सडाँध
　　　　वह खूँटा
　　　　　　वे रस्सियाँ
किल्ली क्रीड़ाएँ वे
　　नंगी पशु-बस्तियाँ

　　मैं अपना नरक वहीं छोड़ आया हूँ
बर्फ़! मैं एकदम निहत्था यहाँ आया हूँ
　　　　　　मुझे रोकले!

एक लाश
　　रेशम पहने हुए साथ है
　　　　हाथ में मेरे
　　　　　　करोड़ों अधकचरी
　　　　　　　धुआँ जली
　　　　　　　　वेश्या-इच्छाओं की
　　　　　　　　　राख है!

बर्फ़! मुझे रोक ले
　　　दे दे जगह थोड़ी कोख में
भला बुरा जैसा कुछ बन पड़ा कर लिया
　　जब तक थे सींग लड़ा
　　　　अब विरक्त हूँ

छलनी कपाल के
इने गिने वर्षों में
पोर पोर खाली हूँ
सुन्न हूँ, अरक्त हूँ।

ठीक है
मछली को किसी भी नाम से पुकारो
पानी बिना नहीं जीती
मगर बर्फ़!
जाने क्यों रोम रोम से
अजब ठिठुरती हुई
चीख़ निकलती है

लौटना
समस्त काल दिक् को छिछियाकर
स्वयं क्षमा चाहती
एक ओर आदिम ग़लती है।
क्यों करूँ यह ग़लती
जबकि मैं
शोक सभागारों का
ज़िन्दा—सन्नाटा ओढ़े हुए—
श्वेत अग्नि के इतना पास हूँ

हर परिस्थिति से छुटकारा
जड़ता-जड़ता
जड़ता—
मैं चाहता हूँ कफ़न ढँकी चमकदार जड़ता
बर्फ़ मुझे ढकले
दे दे थोड़ी जगह कोख में
कि मैं इस
ठंढे आलोक में अन्धा हो जाऊँ।

एक ख़बर

एक ख़बर!
'श्मशान-भूमि पर
बलात्कार'

कौन कहता है
दुनिया
निस्सार
है!

एक कविता क्रम

अंशुधर

लो
मैं तुम्हें
अकृत रचना की
सारी सम्भावनाएँ देता हूँ
अपनी अपार निरर्थकता से 'ऊबकर
कि फिर मेरे आसपास
सुलग सकें श्वेत फूल
फिर कुछ धागे उठें
तितर बितर होने को

कि
फिर
एक लय
भरदे हर कटाव को
बादल समा जाए पत्थर में
लो तोड़ता हूँ यह वज्र-कवच मैं जिसमें बन्दी था
निरसीम काल से,
मुझे अर्थ मिल सके
अनबुने जाल के
सभी सूत्र देता हूँ
रचना की सारी सम्भावनाएँ—

वहाँ अभी राख का समुद्र है
भभक भरे पोले पहाड़ नास्तित्व के
धसक रहे हैं

झाग उठ चला है धुन्ध में अन्धेरे का
बन्द हो चुकी हैं सुरंगें कराह की
सब जगह पहरा है
कोयला संपेरे का!

सब कुछ व्यतीत
है वहाँ
अभी कुछ और कुछ और होना है।
चढ़ी हुई भाप को
उठ गिरकर
कई बार
सब सब डुबोना है।

यह
मेरा तपस् है
अस्खलित अग्निकुण्ड
अपने में मुक्त किन्तु आसक्त
दुर्निवार रेतस्—यह तपस् है

यह योषा तितिक्षा है
(पहला आभूषण पुरु-षायी का)
—निर्विकल्प ईहा—
जो निश्चय वरेण्य है सूत्रधार के लिए
और मात्र धैर्य
जो हर उपलब्धि के आँगन तक जाता है
ओ मेरे मानसपुत्र!
मैं तुम्हें देता हूँ अपना संकल्प
जाओ रचना करो!

सिकता मन्थन

किसके लिए सर्जना करूँ
और क्यों करूँ?
ये तमाम पेड़, पहाड़, नदियाँ
बार बार जो नष्ट हो चुका है
क्यों?
आखिर क्यों
वही वही मूर्खताएँ वरूँ
किसके लिए क्यों रचना करूँ!

यह सब जो निकलेगा धरती तोड़कर
नगरों में
बदल जाएगा,
पेड़—फ़र्नीचर
पहाड़—सड़क या और कुछ
उसी तरह औरतें
निकालेंगी बच्चे
घुसे हुए आदमी
बाहर निकलकर
फिर भीतर घुसेंगे
रोग, युद्ध, नफ़रत
थूक, पीप, मलवा
गँधातीं
धुआँ देतीं बस्तियाँ
कौबे, अबाबील
बेहिसाब चिड़ियाँ

सिर्फ़ आदमी हो तो भी ठीक–
सब तरफ़ होंगी योनियाँ
योनियाँ ही योनियाँ
जो सोएँगी, चलेंगी
हज़ारों की तादाद में फूलेंगी फलेंगी
देह–जिसे चाहिए
हर सुबह रोटी
हर रात मैथुन

हड्डी के भीतर
मृत्यु लिखता हुआ
वही ढीठ घुन

नहीं नहीं नहीं नहीं
मुझे नहीं
सूर्य और देह की
यह दूरी ढकना
क्या देखूँ सपने में
सपना!

समुद्र अवचेतना

रात रात
पृथ्वी रात
आधी पृथ्वी
आधी रात

नींद आ
डूब मन
जल्दी जल्दी
डूब जा—

आधी रात
पूरी पृथ्वी
आधी पूरी, पृथ्वी रात
पृथ्वी पृथ्वी, रात रात
डूब जा
आ मन डूब डूब जा
यह स्वीकार
सत्य है सिर्फ़ देह
सत्य है
नारी के वक्ष तक—
लय है
संगीत—शेष मृत्यु है! मृत्यु मृत्यु मृत्यु है!!
या / अथवा
क्या नहीं
भलाऽ सत्य!

विबोध

मैं भी वही ग़लत परिणति सम्भोग की
मैं भी उत्पत्ति हूँ आह
रति रोग की
अब इस संसार में अर्थ खोजता हुआ
अवर भूमिका निबद्ध
नट बुद्धिहारा!

ताप हीन
नीरस
चर्या में जुता हुआ,
खण्ड खण्ड प्रतिहत
फ़र्श गिरा पारा!
द्विधाग्रस्त अब्दों से
उसी कालमान पर रुका हुआ,
शब्दों से पंगु
तिमिररोगग्रस्त और हारा।
वंशज स्थाणु का
थूक रहा सूर्य पर
अपने पर क्षुब्ध
घृणा करता हर जीव से
टूटा झुका हुआ
चीख़ता
त्वचा के बाहर भी
त्वचा के भीतर भी
गोरा अँधियारा
काला अँधियारा

युगनद्ध

तलाश कभी थी नहीं
ईश्वरनुमा किसी चेहरे की
करने के लिए क्या कम थी घृणा
अपने आपसे?

कौन सोचता भला
दुनिया के बारे में,
ठीक, ठीक देखा जा सकता था
जिसे सिर्फ़ उल्लू की आँख से!

पता नहीं कौन सी बुझती कन्दीलें मुझे उसी दुनिया में
ठेलती चली गई
जिन्हें कभी नहीं पढ़ा
तिलिस्म उपन्यासों की तरह
प्रिया (एं) फैलती चली गईं!

तेज़ाबी रोशनी
और खंखल आवाज़ों के ठहरे सैलाब में
कैसे यकायक फिसल गया
कैसे मैं धड़कता हुआ नम्र पिण्ड
यंत्र ठुके पीपे में बदल गया
यह सब बताना निरर्थ है
अपनी निक्षिप्ति पर
पता नहीं मैं हँसता या रोता हूँ

सिर्फ़ मांस ढके गिजगिजे अन्धकार में
हर रात अपने को फेंककर
मैं सुख के साथ नष्ट होता हूँ
सोच नहीं पाता मैं
उन गुम्बदों में
कैसा सम्मोहन था कि
सैकड़ों साम्राज्य खड़े खड़े जल गए
कौन सा खज़ाना था
सीले तहखानों में
कि फ़रिश्ते तक साँप बिच्छू में बदल गए
(सोच नहीं पाता मैं)।

शोक अश्लील है
और वय बेहया
पता नहीं मैं जीता या ढोता हूँ
सिर्फ़ देह की अपारदर्श हाय हाय में
दिन रात अपने को
झोंककर
जाने किस
कालमान पर
भ्रष्ट होता हूँ
मैं सुख कं साथ नष्ट होता हूँ।

नागपाश

विवर है लगाव
एड़ी से
माथे तक
का
चुप–समाव।
अपने आप
मरहम
अपने आप
घाव!

अहं-मुक्ति

उत्तर आ लकड़ी के चरकबाज़ घोड़े से
फेंक दे यह झुनझुना
मैं तुझे लोहे की गोली दूँगा!
साँप हवा पीता है जैसे—सोच नहीं!
क्या बाँध रक्खा है गठरी में
चूड़ी के टुकड़े
रेशमी लत्तड़
राँगे के मुकुट
कुछ चिथड़ा तस्वीरें?

फेंक इन्हें
मैं तुझे दूसरा तमाशा दिखाऊँगा
कच्ची दालान पर
आले मैं छोटा
सन्दूक़ रक्खा है।

झाँक भला
पहले सूराख़ से
भीतर कुछ दिखता है?
मार लोहा ज़ोर से
डर नहीं
यह छटपटाहट तेरी नहीं
शीशा
टूटा है!

मृत्युलेख

तुम्हें यह व्यवस्था
अगर कभी वक्त दे
          तो भी मत सोचना
          उसके बारे में गत सोचना–
इस हताश–पीढ़ी का खण्ड जब आए
उस पर अफ़सोस नहीं करना–
आँख मूँद लेना
          उसके बारे में मत सोचना।

यह उसका अपने ही हाथों से
माथे पर कील ठोंक लेना
झाँककर दराज़ से
द्वार खटखटाते
ऐश्वर्य पर
          रक्त थूक देना,

यह सब अकारण था!
     उसको वह भाषा नहीं मिली
          कि तुमको तुम्हारा ही नरक दिखा देता
               मन की कोरी दीवार पर
                    कटे पिटे युग की
                         रील घुमा देता!

फिर भी
इस ढेर विसंगतियों से भरे आसपास को
दे सकता था
जो भी अर्थ वह
दिया उसने
वक्त के मटमैले झाग को
किया उसने साफ़
जितना कर सकता था—।

दुख नहीं
इसी बीच
यदि वह स्वयं निरर्थ
हो गया—
औरों का नरक उसमें सो गया!

अवश्य कहीं कोई
कमी थी उसमें
वरना क्या पड़ी थी कि सबको पचाती
भस्म करती हुई
इस बड़ी लम्बी आँत सी नगरी को
वह प्यार करता
धड़कन से चूसकर
औरों का ज़हर
चीखता चिल्लाता

अपने पर
सत्ता पर
ईश्वर पर
प्रहार करता

लेकिन जिस तरह सच बोल कर
लड़ा नहीं जा सकता रोग से
या जिस तरह सड़े घाव पर
असर नहीं होता किसी श्लोक का
व्यर्थ वह–
राख के स्तूप में
रक्त की बूँद खोजता रहा
तब जबकि लोग
जनसंख्या बढ़ाने में व्यस्त थे
वह केवल जीवन का अर्थ सोचता रहा!

ओ तमाम श्रेष्ठ
और संभ्रान्त लोगो!
तुम कह सकते हो
करने के लिए
बहुत काम थे

उसी से नहीं हुए
बरना वह भी
वस्त्रों की तरह स्त्रियाँ बदल सकता था
एक बार ढलकर टकसाल में
उम्र भर
मज़े से चल सकता था

विदूषक हो सकता था
किसी नगर सेठ का
या फिर
गुण गाकर किसी धूर्त शासक के
अख़बारों की कतरन से
अपने लिए टोपी सिल सकता था।

जबकि वह सिर्फ़
अपने बाल
नोचता रहा
सोचे जा चुके का
अर्थ सोचता रहा!

ओ तमाम खुशहाल लोगो!
तुम ठीक कहते हो
वही एक मूर्ख था
इस पागलख़ाने में
(नहीं रहा)
अच्छा ही हुआ वह नहीं रहा!

'कविता'

धोने चली थी विकार
ओस
या

एक पर्त रोशनी,
बीमार पड़ गई!

सड़ाँध से लड़ते हुए
मुड़ी
टूटी
उखड़ गई!

मूर्ख अँधेरे को
कौन समझाए
पोशाक फटने का
अर्थ नहीं
मर गई!

विषकम्भक

जहाँ तक संवेदना का सवाल है
हाल यह कि कुछ मरियल बछड़े फिचकुर गिराते हैं
कुछ वह भी नहीं
कतराते हैं कि भूलकर भी मुँह से कुछ
लिजलिजा, सीला या लचकदार न निकल जाए
गाय या हाय।
कुछ घोंघा भीड़ में अब भी बंबाते हैं।

उधर कुछ किताबी दलालों की पंचायत जुड़ती है
राम जाने क्या बहस चलती है
धन्धा ठप हो न जाए इसलिए
एक खर्राट चिल्लाकर कहता है
भाइयो!
यह नयी नस्ल भी रसवन्ती है
यह भी कुछ जनती है
यह भी पुरानी जैसी है बड़े काम की
दाम की न पूछो
व्यापारीगण मुँह माँगी पाते हैं
नए-पुराने, मरे-ज़िन्दा पर
वही वही बिल्ला लिखकर लगाते हैं
भौचक्के पाठक धपसट में
दलाल का बिल्ला
ख़रीद ले जाते हैं

एक धनी मित्र के प्रति

बड़े बाप के बेटे हैं
　　जब से जन्म हुआ
　　　　लेटे हैं!

मानवतावादी

मुसीबत में पड़े हुए दोस्त को
क़र्ज़ दिया
फिर कभी दोबारा मुलाक़ात न हुई
खड़ी हुई महिला से
विनती की
'बैठ जाएँ'
बदले में डाँट पड़ी
साथ साथ सीट गई!

पड़ोसी का पार्सल छुड़ा लिया ग़लती से
उनसे फिर भूलकर भी बात न हुई।
फ़ेल सहपाठिन के घर गया
'सान्त्वनार्थ'
माँ बोली—बेटा!
'यह तो तुम्हारी
हुई'

उस दिन के बाद से
व्यक्ति दया छोड़कर
मैं सीधे सी[illegible]
मानवतावादी हो गया।

विपर्यय

शहर ही शहर पूरी पृथ्वी पर
तारों और पहियों और
पंखों से जुड़े हुए
बाज़ार ही बाज़ार
हर शहर में—
सामान से भरे हुए

दूकानें
चीज़ें ही चीज़ें दूकानों में
सारी ही चीज़ें
उस आदमी के वास्ते
जो नंगा-नंगा पैदा हुआ।

हवाई अड्डा

फैला पड़ा दूर तक
सरोवर
सीमेन्ट का

एल्युमिनियम के हंस
उतरते हैं
उड़ जाते हैं।

रिश्ता

कवि का
आलोचक से
कुछ ऐसा नाता है
जैसे गंगा एक नदी है
गाय एक चौपाया
फिर भी हम सबकी माता है!

वी.आई.पी.

वे तुम्हें शहर की दीवारों पर चिपके मिलेंगे
या किसी कुर्सी की कील में फँसे हुए
रेडियो उन्हीं की
असंस्कृत आवाज़ें
दोहराएगा
फ़ोन के चोंगे से उन्हीं के सड़े हुए
दाँतों की झार उठती है
अख़बार उन्हीं की
दिनचर्या लिए आएगा
तुम्हारे बारे में सोचना
उन सबका पेशा है
वैसे अलग अलग हैं
उनकी क़िस्में
पर उनका एक अंश लगातार भैंसा है
पहले वे अपने को घोषित करते हैं
फिर लद जाते हैं यकायक
(तुम्हारी अरुचि के बावजूद)
तुम्हारे दिमाग़ पर
तुम उन्हें सहते हो!
दुनिया भर में जितना शोर है
उससे कहीं अधिक
वे कुछ घण्टों में कर सकते हैं
एक खास वक्त पर वे तुम्हारे लिए
मौखिक रूप से
दनादन मर सकते हैं

पर जब तुम मिलना चाहोगे
उन्हें जरूर कोई
और काम होगा
छोटी से छोटी
सुविधा की लिस्ट पर
सबसे ऊपर उनका नाम होगा

कोई एक उनमें से
तुम्हें बड़ी इमारत का
खम्भा बना देगा
कोई दूसरा
उन्हीं में से
वह इमारत ही गिरा देगा
गरज़—वे तुम्हें
जीने नहीं देंगे सहज में!

वे तुम्हारी जय बोलकर
तुम्हारी ही खाल नोचेंगे
तुम कितने मूर्ख थे
जब तक यह जान सको
उनकी निगाहों में
वे जा चुके होंगे
किन्हीं दूसरे चारागाहों में!

एक कुतर्क

फूल खिलते हैं, झर जाते हैं!
लोग
पैदा होते हैं
मर जाते हैं!
मगर
इससे यह कहाँ साबित होता है
आफ़िस से लौटकर
सारे लोग घर जाते हैं!

नया त्रिकोण

किसी के जबड़े में
किसी की पूँछ और किसी की पूँछ में
किसी का जबड़ा है

हर आदमी
किसी एक को निगल कर
ख़ुद किसी एक के
पेट में पड़ा है

जो वहाँ पड़ा है
वह यहाँ खड़ा है
जो यहाँ खड़ा है, वह वहाँ गड़ा है
यह नए युग का
नरभक्षी
त्रिकोण
है

बड़ी मज़ेदार
यंत्रणा
है

ईश्वर भक्त

चुका हुआ
नंगे पत्थर
के आगे
झुका हुआ
औरों के
वास्ते
विपदाएँ
माँगता

नाली में
पानी
रुका हुआ!

मृतपत्र

किसी भी क्षितिज से तेरा रिश्ता नहीं
तू असंबन्धित है
भाषा की भाप
धर्म की ठंडी राख से!
दूर दूर तक कोई पुल नहीं
घूम रहा पहिया अँधेरे का द्वीपों पर
गिरगिटान
बिच्छू
सरीसृप
भेड़िए
आदमक़द देह में
आदमी बिल्कुल नहीं
भूख और नफ़रत से ऐंठी दुनिया में
सोच और सोच, तुझे क्या करना चाहिए
..............................चाहिए?

चेहरे पर
जूतों की छाप छोड़ते हुए चले गए
वे
और वे
जो साँप और रस्सी की बहसों में
मठ बनाते गिराते रहे
नए नए

वे तानाशाह
जनहितैषी
वे धर्मपुत्र
सब अपनी अपनी तरह के नरभक्षक थे
भीतर के तक्षक से
स्याह हुई काया को
वे काटते रहे या तो तलवार से
या फिर धोते रहे...
मगर

चमत्कार से
पसीने की
अनबन है
सब स्वाहा हो गया!
चिता उलटने वाला बाँस
जैसे जल जाता है साथ साथ
सब स्वाहा हो गया!

सलीब और छिछड़ों वाले
कातर दृश्य पर
अकस्मात्
छुराकार लौह-पाट गिर गया!

जिन्हें आलोक की तलाश थी
एक पैर से
दूसरा कुचलते हुए
उकताकर
वे
द्वन्द्व के दर्रे में धँसे
पेंच जड़े पहुँचे तो
वे प्रत्यूष तक

मगर मन विभक्त नहीं हो सका
पदार्थ की तरह

फिर रोशनी
ज़िद्दी है शायद स्वभाव से
सब ग़लत हो गया!

शब्दार्थ के
पहले भी बाद भी
शब्दों और शब्दों के बीच
कई गड्ढे हैं
आगे बहुत आगे ख़न्दकें
उन घुमड़नों की कौन करे व्याख्या
जिनके दिमाग़ के ग़लत लिखे
पत्र पर अहम् भभकता है
डरूड़ सा,
सूर्याकृति केकड़ा खिसकता है
मांस के बुरादे पर!

गाढ़े कोलतार के समुद्र से
उछल कर
एक श्याव जानवर
पूँछ फेंकता है कटीली
मीलों दूर तक
सड़ने लग जाती हैं पत्तियाँ!
कुछ ऐसा ही हुआ
तड़ तड़ तड़ टूट गईं नसें
(अजब ख़न्दक़ें!)
जो कुछ भी जितना
था भीतर गेरुआ
ढक गया गगन-झरी राख से!

तू जहाँ बैठा है
वह किसी राजा की क़ब्र नहीं
न सार्वजनिक
विद्युत-दाहगृह
गिर फटे बम धँसी ज़मीन है
अन्तिम ख़बर
छप चुकी
अख़बारों में
संवाददाता (श्वेत रक्त)
विलय हो चुका किन्हीं सीले अँधियारों में
नया ख़बर देने अब
कोई नहीं आएगा!

ऊपर के पोले अरंग में
दूर दूर तक वह 'अक्षर' नहीं
तू खाली बोतल में फँसा पिधान है
पृथ्वी के ऊपर भी नीचे भी
छितरी आबादियाँ
घर नहीं!
'टेढ़ा सूजा' घुसा कपाल में
आज़ादी है
तिलचट्टे को
चले फिरे
चढ़े गिरे
औंधी जंगाल में!

कोई भी अब तेरे साथ नहीं
नक्षत्रों तक जाए
पिघला दे पृथ्वी की गेंद को
गन्धक से धो दे दिमाग़ को
कुछ करे आदमी
कुछ तेरे वश नहीं, हाथ नहीं!

पूरे शरीर से चिपके हुए होठ
एक मरा हुआ लवा
कानों में
        लड़ रहा
        हज़ारों उल्लू चिमगादड़ों
        से
        शिकस्ता आदमी
भीतर से
        भीतर से
                भीतर के
ख़ूनी तहख़ानों में
इस दोहरे आरपार युद्ध में
क्षय स्वीकार, नहीं वरणीय प्रत्यय तो
        अध-खाया अस्तित्व
            क्या समझदार
                उत्तर है!

दहशत व धोखा खाए हुए लोगों में
        स्तन
        मदिरा
        ज़हर
        प्रार्थना
    सोच कहाँ तेरा मुँह खुलना चाहिए?
टूट रहीं
    पिघल रहीं बनने को
        खोलकर कंगूरों के पंख
            उड़ी जा रहीं
किसी भौगोलिक दबाव से
    पता नहीं
            चीज़ें पहिचानी जाती हैं अब

अस्वभाव से!
बुरा नहीं
सब बर्बर हो जाएँ
कम ज़्यादा हैं यही रोना है
अच्छा है दुनिया 'चीर-घर' बन जाए
जहाँ जन्म लेना—
आज तक घिनौना है
इतना अकेला हो जाए आदमी
जीने लगे मानवेतर संसार में
शंका की गुँजलक
इतना कसे इतना कसे
धपसट में वह दुख की भाषा
भूल जाए
पर जब तक एक पूरी फ़सल सड़े गले नहीं
कैसे वह वक्त आए!

कई लाख सालों की
दलदल पारकर
बुद्धि जहाँ है
खड़ी
मुश्किल है
उस रेत से
वापस
लौटना
सिर्फ़ एक भभक उठ गिर रही
लगातार
छाया के नाम पर
कुछ शुतुरमुर्गों के शव हैं
सम्पर्क के नाम पर

उखड़ गई है
    लोहे के खम्भों की क़तार
यह ठीक वक्त नहीं किसी के भी जीने का
                मगर ग़लत नहीं
                    क्या मर जाने का?

एक नया राष्ट्रगीत

सौ करोड़ से ज्यादा लिजलिजे पंजे
दलदल में धँसे हुए,
रीढ़ की जगह एक केचुआ,
मुँह पोला—ख़ाली दो लम्बी दाढ़ें
खड़िया मिट्टी की बनी हुई
रिरियाती आँखों में
पेशेवर धूर्तता!

सिर्फ़ जनक-अंग चुस्त
बाक़ी सब सुस्त, लस्त, रक्षित,
नक्षत्रों, लकीरों की भद्भद दीवार में
पश्चिम की ओर थूथन उठाए
यह मैं हूँ मैं
बहकर आते हुए मल और कूड़े के इन्तज़ार में!
ख़ाकी उजाले से ढँका मेरा चेहरा
पहचानो!

प्रेम? हं :
मैं नफ़रत के सूत्र से जुड़ा हुआ हूँ
अभी यहाँ मंच पर बड़बड़ कर रहा हूँ
कल किसी गाँव के पैतृक अँधेरे में
क़ै किया चावल खाकर मर रहा हूँ!

दुनिया भर में है अफ़वाह
दिमाग़ कोष्ठ-बद्ध है
मैं सुलगता हुआ गृहयुद्ध हूँ
क्या फ़र्क पड़ता है,
मूर्ख हैं जो कहते हैं
कल मैं मर जाऊँगा
दीमक का वंश
भला कभी मरता है?

कुछ गुत्थमगुत्था मसले थे
मैं जिनकी पीठ पर
छुरा भोंककर भाग आया हूँ
मैं पिछले कई साल से
फ़रार हूँ
काम करने की जगह
बहसें
हड़ताल कर
मैंने व्हिस्की पी है नाक से
फिर भी किसमें हिम्मत है कहे
ग़द्दार हूँ!

ऐसा है, मेरी ज़बान पर एक फोड़ा है
ईंटों का भट्ठा
पड़ोस में
आँतों में पल रहे कीड़े हज़ारों
घूम रहा सिर पर
गरम लाल हँसिया
यह एक दम भूलकर
ज़हर, मरे साँप में भी होता है

निश्चिन्त हूँ

गान्धी का शिष्य मैं
कोई अनुशासन, क़ानून नहीं मानता
दरअसल
मैं बुरी तरह स्वतन्त्र हूँ!

मुझे यह भी चाहिए
मुझे वह भी चाहिए
वह मैं जो नहीं हूँ
मुझको हर हालत में वह दिखना चाहिए।
घेराव डालकर या फिर घात से
बन्द कर लो सारे दरवाज़े तुम
मैं फिर भी ऊपर आ पहुँचूँगा
होकर संडास से!

नाली से नाबदान
पोखर से
मैले तालाब तक
मैं रोज़ सभा पर सभा पर सभा बुला रहा हूँ
कहानी के मेढक सा
बच्चों को बैल दिखने की होड़ में
लगातार अपना पेट फुला रहा हूँ!

हर सुबह मेरे आसमान पर
उगता है एक
बहुत बड़ा जूता!

'गोल इमारत' की छत से उतर कर
यह जूता चलता है
चलता चला जाता है
सार्वजनिक जीवन में

स्टेशन, डाकघर टेलीफ़ोन पर
बैंक, यूनिवर्सिटी
बन्दरगाह, बस-स्टैण्ड पर
चल चलाकर शाम तक
किसी कोर्ट में
यह जूता यकायक
गुम हो जाता है
नए छपे नोट में

जादू है न?
जादू–
मैंने बनाए थे बाँध जो
बह गए
फिस्स हो गए कारतूस ऐन वक्त पर
चला गया कुछ हिस्सा
सप्चे के पेट में
जाए! मैं क्या करूँ?
ख़ास तौर पर जब
कर्त्तव्य नहीं
विश्वास करता हूँ मैं
केवल अधिकार में

यह भी नहीं पता
दफ़्तर से छुट्टी लेकर
मैं राशन लाऊँगा
या खड़ा हूँगा सिनेमा के टिकिट की क़तार में

दरअसल यह भी एक दाँव है
निर्णय नहीं लेता मैं
मेरे यहाँ कोई ख़ास फ़र्क़ नहीं
ट्रांजिस्टर सुनते हुए धोबी

लेखक

बैरिस्टर

सौदागर या नेता में!

ज़रूर सिर-फिरे रहे होंगे पूर्वज

खुद फाँसी चढ़ गए

छोड़ गए यह ऊबड़खाबड़ वसीयत

उम्मीद से

क्या सोचते थे वे

इत्र निकालूँगा मैं लीद से?

पूरी जायदाद पर

केसर उगाऊँगा?

रामधुन

गाऊँगा?

वे सचमुच बड़े भोले थे!

उन्हें नहीं ज्ञात था

कुछ ऐसा मर्ज़ है मेरी आँख में

जिसका इलाज

या तो हो सकता है स्वीडन में

या फिर न्यूयॉर्क में!

जो हो अब

बिना किसी शर्म या अफ़सोस के

(गीता में भी कहा है

सुखदुखे समेकृत्वा...)

एक परमहंस सा

मैं अपने आपको सहला रहा हूँ

यही क्या कम है कि मैं सेंतमेंत में

पिछले बीस साल से दुनिया का 'महान्' गणतंत्र

कहला रहा हूँ।

❖❖